Kleine Geschenke

Jane Bull

Für meine Schwester Margaret

Gestaltung und Text Jane Bull
Lektorat Violet Peto, Penny Smith, Mary Ling
Gestaltung und Bildredaktion
Eleanor Bates, Mabel Chan, Jane Bull
Umschlaggestaltung Amy Keast, Francesca Young
Herstellung Nikoleta Parasaki, John Casey
Fotos Andy Crawford

Für die deutsche Ausgabe:
Programmleitung Monika Schlitzer
Redaktionsleitung Martina Glöde
Herstellungsleitung Dorothee Whittaker
Herstellungskoordination Arnika Marx
Herstellung Claudia Bürgers

Titel der englischen Originalausgabe:
Crafty Gifts

Übersetzung Wiebke Krabbe

ISBN 978-3-8310-3477-2

Druck und Bindung RR Donnelley
Asia Printing Solutions Limited, China

Besuchen Sie uns im Internet
www.dorlingkindersley.de

Hinweis
Die Informationen und Ratschläge in diesem Buch sind von den Autoren und vom Verlag sorgfältig erwogen und geprüft, dennoch kann eine Garantie nicht übernommen werden. Eine Haftung der Autoren bzw. des Verlags und seiner Beauftragten für Personen-, Sach- und Vermögensschäden ist ausgeschlossen.

Sicherheit

Wenn du dieses Warndreieck siehst, sei besonders vorsichtig oder lass dir von einem Erwachsenen helfen.

Inhalt

Bastelsachen

Diese Werkzeuge und Materialien brauchst du für viele Projekte, darum solltest du sie immer zur Hand haben. Zusätzlich benötigte Materialien werden in den Anleitungen genannt.

Tolle Geschenke

Du brauchst:

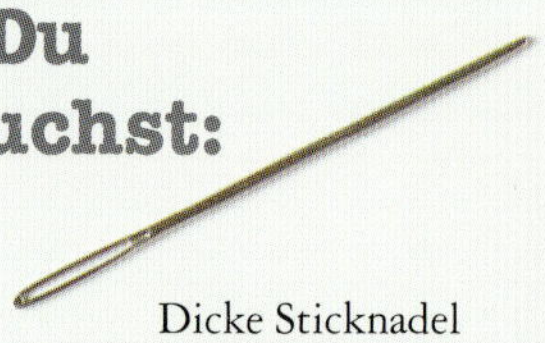

Dicke Sticknadel ohne Spitze

30 cm Baumwollstickgarn

Knopf-Anhänger

Bunte Knopf-Anhänger schmücken jeden Weihnachtsbaum und glitzern schön im Sonnenschein. Sie sind tolle kleine Geschenke und das nicht nur zur Weihnachtszeit.

1

Fädle das Garn in das Nadelöhr ein und ziehe es durch die Knöpfe und Perlen.

2

Schiebe die Nadel durch ein anderes Loch wieder zurück.

3

Ziehe beide Fäden auf gleiche Länge und verknote sie fest miteinander.

Eiszapfen

Mit Knöpfen und Perlen in verschiedenen Farben und Größen kannst du noch viele andere Figuren auffädeln.

Salzteig-Schätze

Aus Salzteig kannst du Anhänger, kleine Rahmen, Kerzenhalter und sogar Schüsseln basteln. Formen, backen und bunt bemalen: Das ist einfach und macht Spaß.

Du brauchst:

300 g Mehl

+

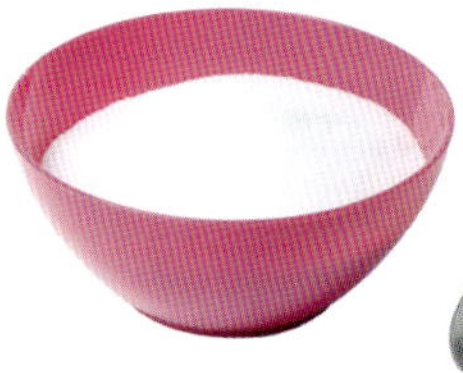

100 g Salz

+

1 TL Speiseöl

+

200 ml Wasser

=

Teig kneten

Gib alle Zutaten in eine große Schüssel und knete sie mit den Händen, bis du aus der Masse eine Kugel formen kannst.

Du brauchst:

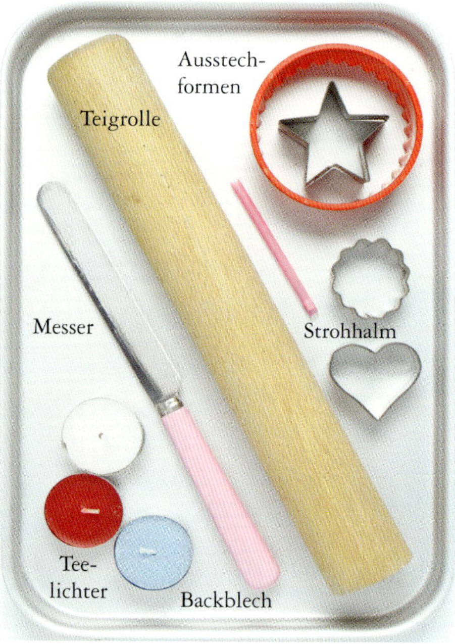

Kerzenhalter

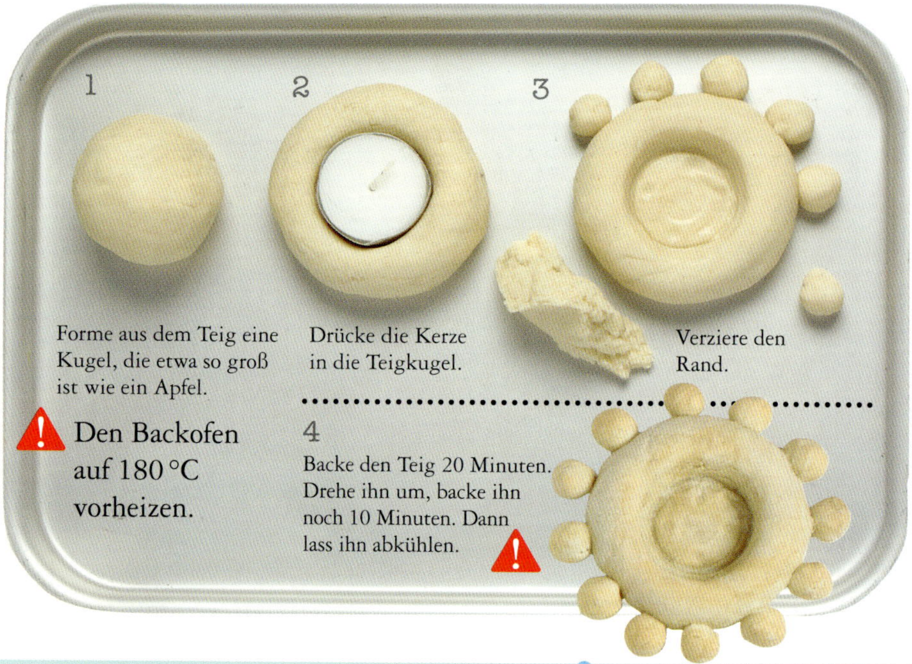

1 Forme aus dem Teig eine Kugel, die etwa so groß ist wie ein Apfel.

2 Drücke die Kerze in die Teigkugel.

3 Verziere den Rand.

Den Backofen auf 180 °C vorheizen.

4 Backe den Teig 20 Minuten. Drehe ihn um, backe ihn noch 10 Minuten. Dann lass ihn abkühlen.

Bemalen und verzieren

Vor dem Bemalen muss der Teig ganz abgekühlt sein. Mische Acrylfarbe mit Holzleim oder Bastelleim, dann bekommen deine Malereien einen schönen Glanz.

Erst formen, dann backen

Drücke für Zacken den Teig am Rand zusammen.

Wenn die Farbe nicht richtig deckt, trage sie ein zweites Mal auf.

Drücke ringsherum eine Gabel in den Rand.

Schneide den Rand mit einem Messer ein.

Schüssel

Den Backofen auf 180 °C vorheizen.

1 Streue etwas Mehl auf die Arbeitsfläche. Rolle den Teig 5 mm dick aus.

Hebe den Teig vorsichtig mit der Teigrolle an.

2 Lege den Teig über die umgedrehte Schüssel.

3 Schneide den Teigrand gerade ab.

Anhänger

1
Rolle etwas Teig 5 mm dick aus. Stich mit einer großen Ausstechform z. B. Kreise aus.

Den Backofen auf 180 °C vorheizen.

2 Lege die ausgestochenen Teigstücke auf das Backblech. Stich mit einer kleineren Ausstechform z. B. Sterne aus der Mitte aus.

3 Nimm die Teigstücke aus der Mitte und lege sie daneben auf das Backblech. Stich mit einem Strohhalm die kleinen Löcher aus.

4 Backe deine Anhänger 15 Minuten. Danach gut abkühlen lassen.

Tipps zum Backen:

- Heize den Backofen rechtzeitig vor.
- Am besten formst du den Teig direkt auf dem Blech. Er kann sich verformen, wenn er bewegt wird.
- Vielleicht musst du den Teig etwas länger backen. Er ist fertig, wenn er ganz trocken ist.

Bemale deine Anhänger. Nach dem Trocknen kannst du sie weiter verzieren.

Für den Bilderrahmen brauchst du:

- Foto
- Band

Bilderrahmen

1 Lege den bemalten Anhänger auf das Foto. Zeichne die Ränder nach.

2 Schneide das Foto aus: etwas kleiner als der äußere Umriss.

3 Streiche Kleber auf die Rückseite des Rahmens. Dann drücke das Foto an.

Lass den Kleber trocknen. Binde danach noch ein Band an den Anhänger.

4 Forme aus Teigresten eine 1 cm dicke Rolle und lege diese im Kreis auf den Schüsselboden.

Backe die Schüssel, bis der Teig ganz trocken ist. Das dauert ungefähr 25 Minuten.

5 Lass die Schüssel vor dem Bemalen abkühlen.

6 Bemale die Schüssel von innen und außen. Wenn die Farbe trocken ist, kannst du noch bunte Muster aufmalen.

Apfel-Päckchen

Leere Plastikflaschen sind zum Wegwerfen viel zu schade. Für solche witzigen Apfel-Verpackungen kannst du Flaschen in jeder Größe und Farbe verwenden.

So wird's gemacht:

Durchsichtige Flasche mit rotem Seidenpapier

Du brauchst:

- 2 Plastikflaschen • Süßigkeiten oder kleines Geschenk
- Grünes oder rotes Seidenpapier • Band • Schere
- Grünes und braunes Tonpapier • Bleistift • Alleskleber

1

Hier abschneiden.

2

Wickle dein Geschenk in rotes oder grünes Seidenpapier.

3

Lege das Geschenk in einen der beiden Flaschenböden.

4

Setze die beiden Flaschenböden zusammen.

Verziere den Apfel, indem du ein Band aufklebst.

5

Schneide Blätter in verschiedenen Größen aus.

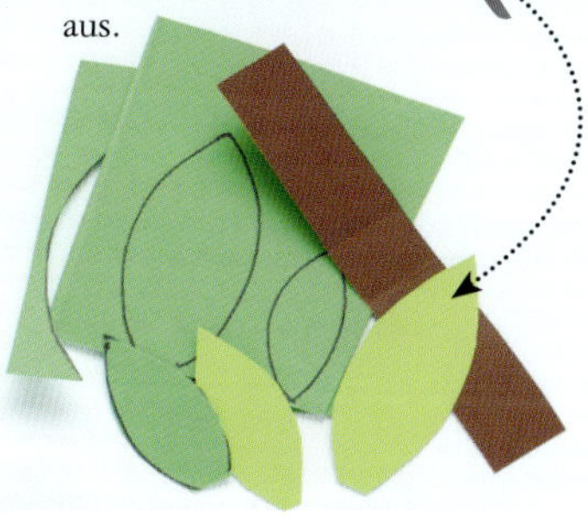

6

Jetzt fehlen noch Stängel und Blätter.

Schneide für den Stängel einen Streifen aus braunem Papier: 10 cm lang und 1,5 cm breit.

In der Mitte zweimal falten.

Tupfe Kleber auf beide Enden.

Lege ein kleines Blatt auf eines der Enden. Klebe die Enden zusammen.

Klebe zuerst ein großes Blatt auf.

Darauf klebst du den Stängel.

Backmischung im Glas

Über eine Backmischung freuen sich alle, die gern backen. Fülle die Zutaten in ein hübsches Glas und binde die Backanleitung und eine Ausstechform daran.

Du brauchst:

• Löffel • Sauberes Papier

Fülle das Glas

1 Mehl und Natron mit einem Löffel einfüllen.

2 Dazu Zucker und Gewürze

3 Obendrauf eine Tüte Puderzucker

4 Deckel drauf!

Backanleitung

Schreibe die Backanleitung auf die Rückseite des Geschenk-Anhängers.

Lebkuchen-rezept

Ergibt: 18 Lebkuchenfiguren
Du brauchst außerdem:
• 100 g Butter • 1 Ei
• 2 EL Zuckerrübensirup
Für den Zuckerguss: 3 TL Zitronensaft
Küchenwerkzeug: Rührschüssel, Kochlöffel, Frischhaltefolie, Teigrolle, Backblech, kleine Schüssel, Kuchengitter, Spritzbeutel

Los geht's!

1. Den Backofen auf 180 °C vorheizen.
2. In einer Rührschüssel Butter, Ei und Sirup mit dem Kochlöffel cremig rühren.
3. Die trockenen Zutaten aus dem Glas (außer Süßigkeiten und Puderzucker) in die Schüssel geben. Alles gut verrühren.
4. Mit den Händen aus dem Teig eine Kugel rollen. In Frischhaltefolie wickeln, 30 Minuten in den Kühlschrank legen.
5. Den Teig 5 mm dick ausrollen. Lebkuchenmänner ausstechen und auf das Backblech legen.
6. 15 Minuten backen. Auf einem Kuchengitter abkühlen lassen.
7. Mit Zuckerguss und Süßigkeiten verzieren.

ZUCKERGUSS

1. Den Puderzucker in einer kleinen Schüssel mit dem Zitronensaft verrühren. Wenn er zu fest ist, etwas Wasser unterrühren.
2. In den Spritzbeutel füllen und die Lebkuchenmänner verzieren.

Alles im Glas

Für Künstler

Alles, was man zum Malen und Zeichnen braucht, verpackt in einem großen Stift.

Schneide einen Kreis aus braunem Packpapier aus. Rolle daraus einen Kegel, der auf das Glas passt.

Male die Spitze des Kegels an.

Klebe den Kegel mit Alleskleber am Deckel fest.

Für Naschkatzen

Eine Figur aus zwei Gläsern, gefüllt mit allerlei Süßigkeiten.

Eine Mütze aus einem alten Handschuh (Seite 60).

Schneide für den Schal von einem alten Handschuh das Bündchen und zwei Finger ab. Nähe sie zusammen.

Klebe Wackelaugen, eine Knopfnase und einen Mund aus Salzteig auf.

Du brauchst:

- Saubere Gläser (oder stabile Plastikbehälter) mit Schraubdeckel

Noch mehr Ideen zum Verzieren findest du auf Seite 60.

Für Schneiderlein

Bunte Utensilien zum Nähen und Sticken – und auf dem Deckel ein Nadelkissen.

Das Nadelkissen bastelst du aus einem zweiteiligen Deckel (Seite 60).

Für Krümelmonster

Im Glas stecken alle Zutaten für leckere Plätzchen. Und wenn sie fertig sind, können sie darin aufbewahrt werden.

Zutaten:

150 g brauner Zucker
225 g Mehl
1 TL Natron
150 g Schokolinsen (in einer Plastiktüte)

Lies auf Seite 19 nach, wie das Glas gefüllt wird.

Bastle ein lustiges Schild und schreibe die Backanleitung auf die Rückseite (Seite 60).

Badebomben

Mit sprudelnden Badebomben geht der Spaß in der Badewanne richtig los. Wenn sie sich auflösen, duften sie wunderschön nach Blumen. Ein tolles Geschenk für jemanden, der eine Erholungspause braucht.

Tortendekor aus Zucker schmilzt im Badewasser.

So wird's gemacht:

Für das Grundrezept brauchst du Natron, Zitronensäure, Olivenöl und Wasser. Farbe und Form sowie Duft und Verzierung kannst du selbst bestimmen.

Lavendel-Badebomben

Du brauchst:

- Große Rührschüssel
- Teelöffel
- Esslöffel zum Rühren
- Eiswürfelform

1

Gib Zitronensäure, Natron und Olivenöl in eine Schüssel.

Gut umrühren

2

Rühre die Farbe unter die Mischung.

Etwas Farbe

3

Probiere auch diese Duftöle: Vanille, Pfefferminze oder Orange.

Gib etwa zehn Tropfen Duftöl dazu und rühre noch einmal gut um.

Ein feiner Duft

4

Sprühe etwa sieben Spritzer Wasser auf die Mischung. Und wieder umrühren.

5

Die Mischung ist fertig, wenn sie zusammenhält.

Drücke die Mischung mit den Händen zusammen.

Badebomben formen

Nimm eine trockene, saubere Eiswürfelform oder eine Pralinenform.

1

Streue zuerst einige Zuckersternchen in die einzelnen Herzen.

Form für Herz-Eiswürfel

2

Fülle die Mischung mit einem Teelöffel in die Herzen. Drücke sie an und fülle noch etwas nach.

3

Drücke die Mischung mit dem Löffel fest in die kleinen Herzen.

4

Warte 2 Stunden, bis die Badebomben fest sind. Dann kannst du sie aus der Form drücken.

Hübsch verpacken

Fülle die Badebomben jetzt in ein sauberes Glas mit fest schließendem Deckel.

Sie sollten innerhalb von vier Wochen aufgebraucht werden, da der Duft langsam verfliegt.

Weitere Varianten

Du kannst das Grundrezept mit verschiedenen Düften und Verzierungen abwandeln. Als Form eignet sich auch ein Blech für Mini-Muffins.

Fruchtiger Orangenduft

Du brauchst:
- Mini-Muffinform
- Grundmischung für Badebomben
- Orangen-Duftöl
- Zuckerblumen

Erfrischender Minzduft

Du brauchst:
- Eiswürfelform
- Grundmischung für Badebomben
- Pfefferminz-Duftöl
- Glitzerstreusel für Torten

Knopf-Kunst

So ein Bild ist ein tolles Geschenk für einen besonders lieben Menschen. Zeichne eine einfache Form und beklebe sie dicht an dicht.

1 Zeichne eine einfache Form auf Papier.

Schneide sie aus. Lege die Papierform auf die Pappe und zeichne ihren Umriss nach.

2

Schneide die Pappform aus. Lege sie auf ein Stück Papier, das in den Rahmen passt. Zeichne den Umriss dünn nach.

3

Bestreiche die Form mit Alleskleber.

Klebe zuerst die Wackelaugen auf. Dann fülle die Form ganz mit Perlen und Knöpfen aus. Beginne damit am Rand.

Nimm einen ganz kleinen Keilrahmen für ein Mini-Bild.

Feinheiten kannst du mit einem Filzstift zeichnen.

Handbemalte Tassen

Ob Kaffeetrinker, Kakao-
liebhaber oder Teegenießer –
über eine selbst bemalte Tasse
freut sich garantiert jeder.

Fülle den Becher mit einer Tüte voller Süßigkeiten.

Ganz viele Herzen …

Male ein Bild oder zeichne einfache Muster.

Du brauchst:

- Helles, glasiertes Geschirr
- Porzellanmarker • Schere • Papier
- Doppelseitiges Klebeband oder Aufkleber

Statt Tassen kannst du auch andere Teile aus weißem Geschirr bemalen: Untertassen, Teller, Eierbecher oder Müslischalen.

Ein Teller für die Tante, …

… die so gern Katzen mag.

Bilder

1

Probiere zuerst einige Ideen mit Filzstiften auf weißem Papier aus.

2

Zeichne dein Bild mit dem Porzellanmarker direkt auf die Oberfläche der Tasse.

3

Male es farbig an oder schreibe einen Namen hinein.

Mama

Muster

1

Nimm Aufkleber oder Papier, auf das du vorher doppelseitiges Klebeband klebst.

Schneide eine Form aus.

2

Klebe die Form auf die Tasse. Male ringsherum Punkte oder Muster.

3

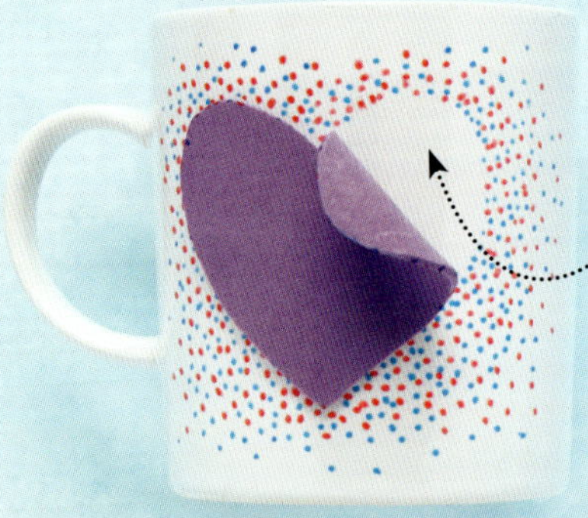

Lass die Farbe trocknen, bevor du den Aufkleber abziehst.

Schreib etwas Nettes.

Du bist Spitze!

So hält die Farbe:

1. Stelle das trockene Geschirr auf ein Backblech.
2. Schiebe das Backblech auf der mittleren Schiene in den KALTEN Backofen.
3. Stelle den Ofen auf 160 °C ein.
4. 30 Minuten backen, dann den Ofen ausschalten.
5. DAS GESCHIRR IM OFEN ABKÜHLEN LASSEN.
6. Nimm es erst aus dem Ofen, wenn es ganz kalt ist.

WICHTIG: Lies auch die Gebrauchsanweisung deiner Porzellanmarker genau durch.

Möchtest du lieber kein Bild malen? Dann klebe einfach einen Sticker auf die Tasse und male ringsherum ein Muster.

Male witzige Gesichter auf Eierbecher.

Für ein Nadelkissen wickelst du Watte in ein kleines Stück Stoff und klebst das Ganze in einen Eierbecher.

Ideen für Eierbecher

Ein ganzes Set

Ist deine Malerei gut gelungen? Dann kannst du passend zur Tasse noch einen Untersetzer und einen Teller bemalen.

Konfetti-Muster aus Punkten

Untersetzer aus Fliesen

Du kannst auch weiße Fliesen bemalen und genau wie Tassen oder Teller im Ofen backen.

Dankeschön!

Rosen aus Papier sind fast so hübsch wie echte, und ihre Stiele aus Pfeifenreinigern haben keine spitzen Stacheln.

Du brauchst:

Tipp:
Schneide für große und kleine Blüten Papierkreise in verschiedenen Größen aus.

Kleine Deko

Papier-Rosen kannst du auf Grußkarten, Geschenkanhänger und Geschenkpapier kleben. So passt alles perfekt zusammen.

So wird's gemacht:

1 Kreis ausschneiden

Lege einen Pappkreis auf Tonpapier und zeichne den Umriss mit Bleistift nach. Schneide den Kreis aus dem Tonpapier aus.

2 Kreis wird zur Spirale

Zeichne eine Spirale auf den Papierkreis. Schneide an der Linie entlang.

Rolle die Spirale von außen nach innen auf.

Wickle sie dabei um den Holzspieß.

3 Aufrollen

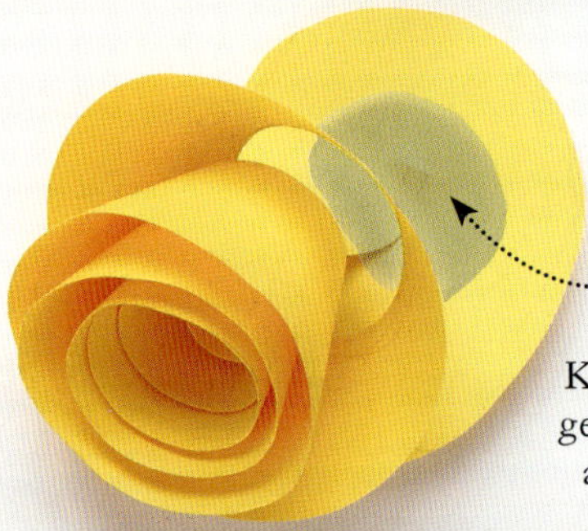

Lockere das aufgerollte Papier vorsichtig.

Streiche Klebstoff auf die flache Mitte.

Klebe das aufgerollte Papier auf die flache Mitte.

4 Festkleben

Stich mit dem Holzspieß ein Loch durch die Mitte der Rose.

5 Loch stechen

Biege das obere Ende des Pfeifenreinigers um, damit es nicht aus der Blüte rutscht.

Schiebe einen Pfeifenreiniger durch das Loch. Fertig ist der Stiel.

6 Stiel befestigen

Bunte Karten

Käferpost

Diese kleinen Käfer überbringen besondere Grüße, die gut versteckt unter ihren bunten Flügeln liegen.

Glitzer-Käfer

Glanzpapier und glitzernde Aufkleber

Marienkäfer

Marienkäfer sehen niedlich aus. Du kannst aber auch ganz neue Arten erfinden. Nimm Aufkleber und buntes oder glitzerndes Papier und lass dir etwas einfallen.

Streifenkäfer

So wird's gemacht:

Du brauchst:

- Tonpapier für Körper und Flügel
- Schere
- Radiergummi
- Musterklammer
- Klebestift
- Klappkarte
- Wackelaugen
- Filzstifte

1 Schneide einen ovalen Körper aus.

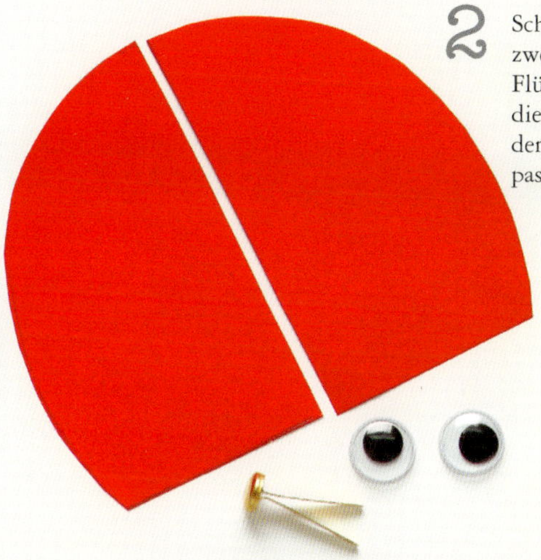

2 Schneide zwei Flügel aus, die gut auf den Körper passen.

3 Befestige die Flügel am Körper.

Die Flügel müssen einander überlappen. Lege ein Radiergummi unter den Körper.

Stich mit der Schere ein Loch durch beide Flügel und den Körper.

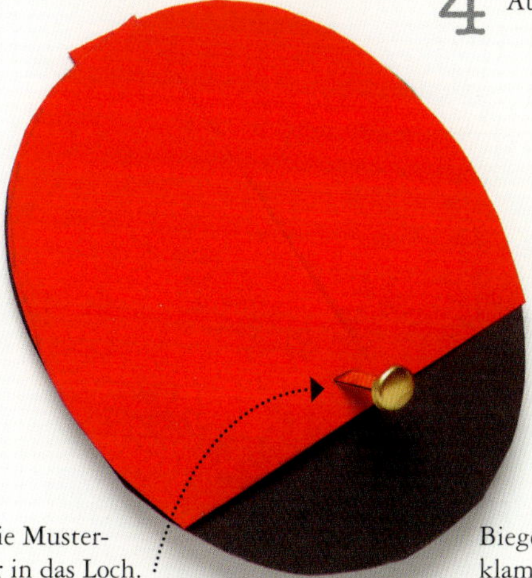

Stecke die Musterklammer in das Loch.

4 Aufkleben.

Bestreiche die Rückseite des Körpers mit dem Klebestift.

Biege die Musterklammer auseinander.

5 Klebe den Käfer auf die Klappkarte.

Klebe die Augen auf.

Male mit Filzstiften Punkte, Beine und ein Gesicht.

6 Schreibe einen Gruß unter die Flügel.

Vergiss Wimpern und andere Feinheiten nicht.

Pop-up-Karten

Überraschung! Wer diese Karten öffnet, kommt aus dem Staunen nicht heraus. Bunte Blumensträuße, Herzen, Geburtstagstorten oder Päckchen erscheinen als eindrucksvolle 3-D-Motive.

Ein kunterbunter Frühlingsblumenstrauß

So wird's gemacht:

Du brauchst:

Dünne Pappe 24 cm × 17 cm

Dickes Papier 23 cm × 16 cm

Schere

Klebestift

Bleistift

Lineal

Papierreste oder Aufkleber

1 Falte das dicke Papier zur Hälfte.

Zeichne den halben Umriss der Blumen-Verpackung darauf.

Nur an den durchgehenden Linien schneiden.

Falte das Papier an den gestrichelten Linien.

2 Klappe das Papier auf und ziehe die Verpackung der Blumen nach vorn.

3 Schneide Blüten und Stiele aus. Klebe sie auf.

Schneide einen Schmetterling aus Papier aus. Falte ihn in der Mitte und klebe eine Seite auf das Papier.

Damit er flattert, bleibt die andere Seite lose.

4 Schneide Blüten und Stiele für den 3-D-Teil des Straußes aus.

Klebe sie an der Innenseite der Blumen-Verpackung fest.

5 Falte die dünne Pappe zur Hälfte. Das ist die äußere Karte.

Klebe die Rückseite des weißen Papiers auf die Innenseite der gefalteten Pappkarte.

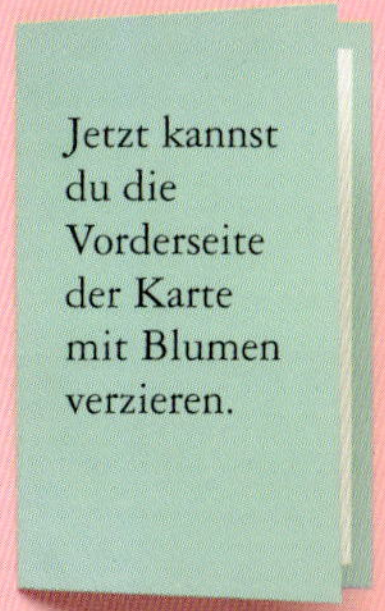

Jetzt kannst du die Vorderseite der Karte mit Blumen verzieren.

Klappe die Karte zu und drücke sie zusammen.

Herzen, Torte und Pakete in 3-D

Großes Herz

Klappe das Papier auf. Ziehe das Herz vorsichtig nach vorn.

Falte die Herzen zur Hälfte. Klebe nur eine Seite fest. Das ist wichtig für den 3-D-Effekt.

Geburtstagstorte

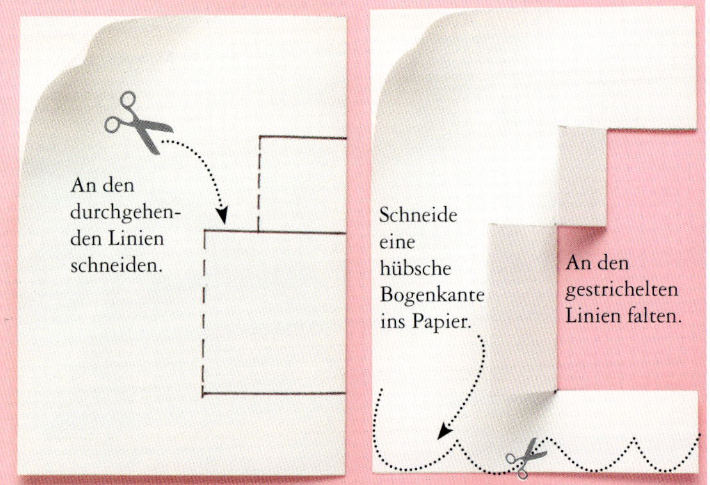

Klappe das Papier auf. Ziehe die Torten vorsichtig nach vorn.

Du kannst die Torte noch mit kleinen Aufklebern verzieren.

Jede Menge Päckchen

Verziere den Hintergrund mit Aufklebern oder kleinen Formen, die du aus Papier ausschneidest.

Letzte Feinheiten

Klebe das weiße Papier in die Pappkarte. Dann kannst du noch die Vorderseite der Karte hübsch verzieren – als Vorgeschmack auf das, was kommt.

Bitte lächeln!

Weißt du noch ... ?

In dieser pfiffigen Karte verstecken sich Fotos, die an ein besonderes Erlebnis erinnern, vielleicht an einen Besuch bei Freunden oder an den Tag, an dem du ein neues Haustier bekommen hast.

Mini-Fotoalbum

Für die Kamera-Karten werden mehrere Fotos auf Papier geklebt, das im Zickzack gefaltet ist. Klebe das Papier in die Karte und überrasche einen lieben Menschen.

Du brauchst:

Gestalte die Vorderseite

Karten für jedes Hobby

Für Gärtner, Heimwerker, Köche oder Handarbeitsfans gibt es hier die passende Karte. Darauf finden sie als Überraschung kleine Werkzeuge.

Werkzeugkasten

Nähkasten

Du brauchst:

Bleistift

Dickes Tonpapier: 22 cm × 17 cm

Dickes weißes Papier für das Werkzeug

Klebestift

Filzstifte

Schere

Für Heimwerker

Werkzeug für alle Fälle

Zeichne die Werkzeuge auf weißes Papier und male sie bunt an. Schneide sie aus und stecke sie in die Karten.

Strickt sie gern?

Schreibe den Namen der Person auf die Vorderseite und einen Gruß in die Klappe.

So wird's gemacht:

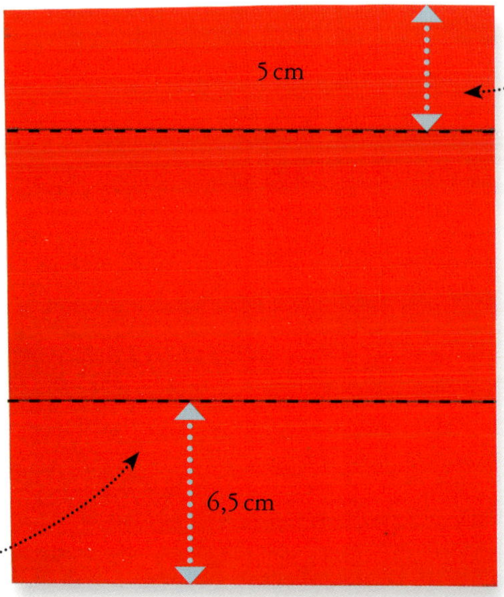

Falte den oberen Teil nach unten.

Klebe nur die Ränder der unteren Teile zusammen. Das ist die Tasche.

1 Falte das Tonpapier an den schwarz gestrichelten Linien.

Falte den unteren Teil nach oben.

2

Zeichne das Werkzeug mit Bleistift vor.

Zeichne die Umrisse mit Filzstift nach.

Schneide die Werkzeuge aus und male sie bunt an.

3

Schneide einen Henkel aus und male ihn an.

Schneide die Ecken schräg ab.

Klebe den Henkel, die Schnalle und andere kleine Verzierungen auf.

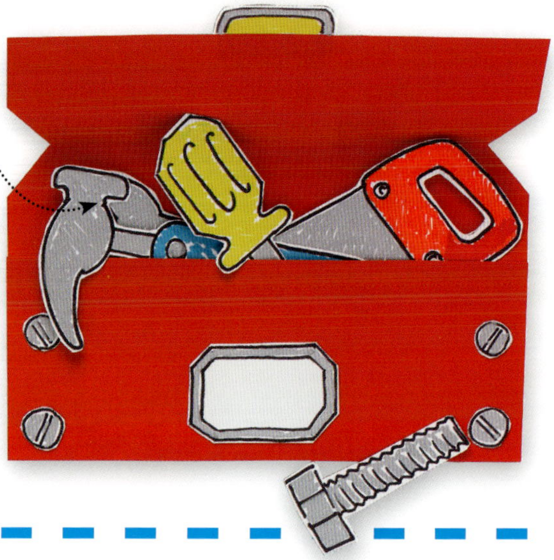

Packe das Werkzeug ein und schreibe einen Gruß in die Klappe.

Hübsch verpackt

Mini-Schachteln

Ein kleines Geschenk macht in einer schönen Verpackung viel mehr Eindruck. Diese kleinen Schachteln aus Pappröhren sind schnell gebastelt.

Du brauchst:

• Pappröhre • Schere • Geschenkpapier oder Tonpapier • Klebestift • Bänder • Wackelaugen

1

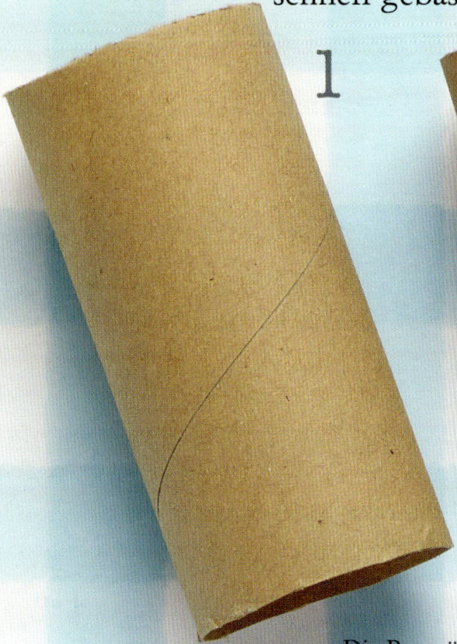

Die Pappröhre muss groß genug für dein Geschenk sein.

2

Drücke an einem Ende der Röhre eine Seite nach innen.

3

Drehe die Röhre um und drücke am gleichen Ende die andere Seite nach innen. Mach das Gleiche am anderen Ende.

4

Schneide ein passendes Stück Geschenkpapier oder Tonpapier zu.

Bestreiche eine Kante des Papiers mit Kleber und drücke es auf die Röhre. Wickle das Papier herum und klebe auch die andere Kante fest.

5

Nimm ein langes Band, damit du eine Schleife binden kannst.

Vergiss das Geschenk nicht!

Öffne ein Ende der Schachtel und lege dein Geschenk hinein. Danach kannst du ein Band um die Verpackung binden.

Für kleine Geschenke

Alien

Ein großes Wackelauge genügt.

Schön bunt

Verziere deine Schachteln mit Resten von Geschenkpapier und Bändern oder klebe lustige Wackelaugen auf.

Eule

Klebe große Wackelaugen, ein Dreieck als Schnabel und Flügel aus Papier auf.

Bunte Boxen

Für größere Geschenke kannst du aus einfachen Papptellern im Handumdrehen diese hübschen Boxen basteln.

Du brauchst:

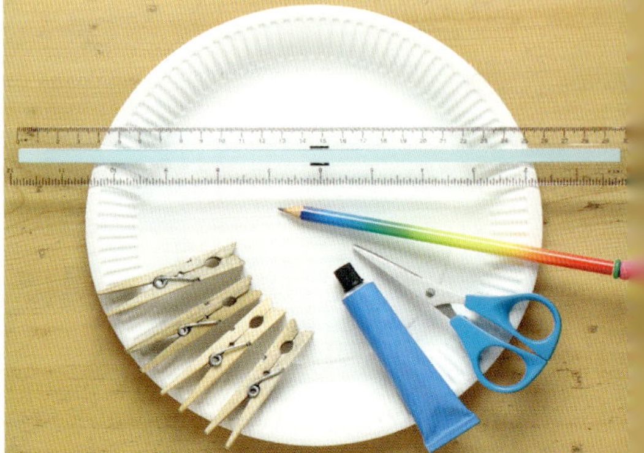

• Pappteller • Lineal • Bleistift • Schere • Alleskleber • 4 Wäscheklammern • Band • Aufkleb

2

Falte zuerst die Zipfel hoch. Dar falte an den Linien des Quadrats

Streiche Klebstoff auf eine eingeschnittene Kante.

Falten und kleben

4

Klebe die anderen Ecken auf die gleiche Weise zusamm

Trocknen lassen

1

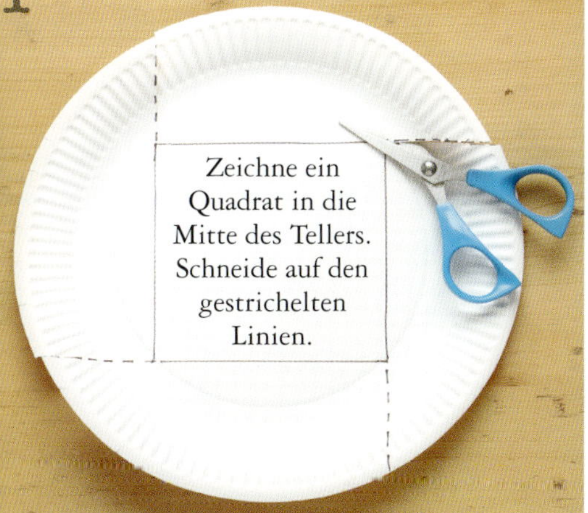

Zeichne ein Quadrat in die Mitte des Tellers. Schneide auf den gestrichelten Linien.

Messen und schneiden

3

Drücke die benachbarte Kante an die bestrichene. Halte beide mit einer Wäscheklammer zusammen.

Festklammern

5

Wenn der Kleber ganz trocken ist, kannst du die Schachtel mit Aufklebern und einem Band verzieren.

Verzieren

Aufgetürmt

Du kannst die Kästchen mit selbst gebackenen Plätzchen oder Süßigkeiten füllen.

Gutschein-Umschlag

Aus farbigen Kreisen lassen sich hübsche kleine Umschläge für Gutscheine zaubern.

Du brauchst:

- Tonpapier (zwei verschiedene Farben)
- Klebestift • Bleistift
- Schere • Band

Kreise und Größen

Nimm zum Zeichnen der Kreise ein rundes Hilfsmittel, zum Beispiel eine Untertasse oder einen großen Schraubdeckel.

Lege dein rundes Hilfsmittel auf das Papier und zeichne den Umriss nach.

Schneide die Kreise aus. Du brauchst zwei in jeder Farbe.

So wird's gemacht:

1

Schneide vier Kreise aus.

2

Falte die Kreise zur Hälfte.

3

Klebe zwei verschiedenfarbige Kreise zusammen – wie auf dem Bild.

4

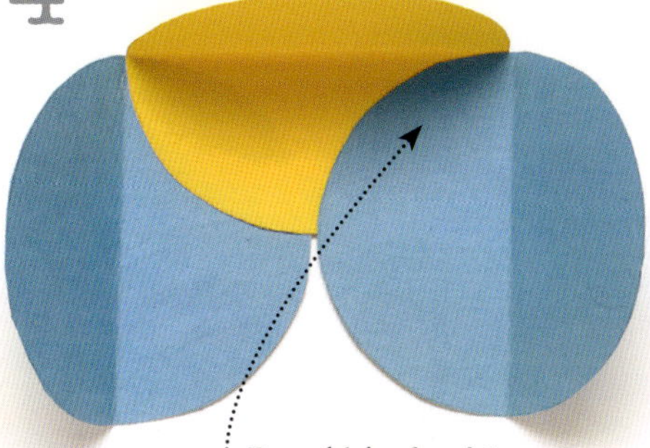

Dann klebe den dritten Kreis daran, wieder wie auf dem Bild.

5

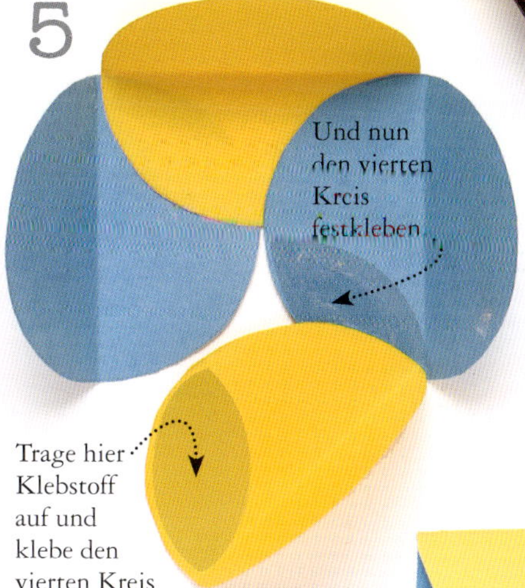

Und nun den vierten Kreis festkleben.

Trage hier Klebstoff auf und klebe den vierten Kreis unter den ersten.

6

Wenn der Kleber trocken ist, faltest du die Klappen nach innen.

Zuletzt schiebst du die vierte Klappe unter die erste.

Quadrat

Falte sorgfältig, damit der fertige Umschlag quadratisch wird.

Packpapier aufgepeppt

Mit Gesichtern, Aufklebern oder bunten Mustern kannst du einfarbiges Packpapier selbst gestalten.

Drei Bären

Aus einfachen braunen Päckchen wird mit Ohren, Wackelaugen und weißen Papierschnauzen (Seite 59) eine ganze Bärenfamilie.

Punkt für Punkt

Kreisrunde Aufkleber gibt es fertig zu kaufen. Damit kannst du Päckchen besonders schnell verzieren.

Rentiere

Das Geweih wird aus Pfeifenreinigern gebogen (Seite 59).

Pompons

Klebe gekaufte Pompons mit Alleskleber fest.

Pappkameraden

Aus Papprühren werden lustige Figuren. Das Gesicht wird aufgemalt. Die Mützen bastelst du aus Socken oder Handschuhen (Seite 59).

Selbst bedrucktes Geschenkpapier

Druckerei

Entwirf dein eigenes Geschenkpapier. Du brauchst dafür nur braunes Packpapier und allerlei Dinge, die du im Haushalt findest.

Rauten und Punkte

Wabenmuster

Wellige Kreise

Goldglanz

Blümchen

Gittermuster

Du brauchst:

- Braunes Packpapier • Klebeband • Acrylfarbe • Teller für Farbe • Pinsel • Utensilien zum Drucken • Geschenkanhänger ohne Aufdruck

Bleistift-Radiergummis

Klebe sieben Bleistifte mit Klebeband zusammen. Die Radiergummis müssen auf einer Höhe liegen.

Bedrucke auch gleich passende Karten und Anhänger.

Plastiktüte

Knülle eine Plastiktüte zusammen. Tauche sie in die Farbe und drücke sie auf dein Packpapier.

Bleistift-Radiergummi

Für einzelne Punkte.

Vorbereitung

Lege einen Bogen Papier auf eine Unterlage und befestige seine Ecken mit Klebeband.

Drucke Muster auf das Papier. Lass die Farbe trocknen, bevor du ein Geschenk einwickelst.

Zahnbürste

Ausstechform

Tauche den Rand der Form in die Farbe und drücke sie dann auf das Papier. Die Muster dürfen sich ruhig überschneiden.

Farbe

Verteile mit dem Pinsel eine dicke Schicht Farbe auf dem Teller. Tauche den Gegenstand, mit dem du drucken willst, in die Farbe. Drücke ihn danach auf dein Papier.

Luftpolsterfolie

Wenn du ein Stück Luftpolsterfolie in die Farbe legst und damit druckst, entsteht ein unregelmäßiges Wabenmuster.

Gut verpackt

Es ist gar nicht so schwierig, ein Geschenk ordentlich einzuwickeln.

Du brauchst:

- Geschenkpapier und Anhänger
- Schere
- Klebeband
- Bänder

So klappt es am besten

Nimm nur so viel Papier, wie du brauchst, um dein Geschenk zu umwickeln. Nicht mehr, sonst werden die Kanten unsauber.

1. Lege das Geschenk in die Mitte des Papiers.
2. Wickle das Papier um das Geschenk. Falte es sauber um die Kanten.
3. Etwas überlappen lassen und festkleben.
4. Falte das Papier an einem Ende nach unten.
5. Falte eine Seite zur Mitte.
6. Falte die andere Seite zur Mitte. Du musst das Papier schön sauber kniffen.
7. Zuletzt den dreieckigen Zipfel nach oben falten und festkleben.
8. Am anderen Ende des Geschenks wird das Papier ebenso gefaltet. Binde eine Schleife um das Päckchen.

Bär

Du brauchst:

• Papier in Braun, Rosa und Weiß • Schere • Klebestift • Alleskleber • Wackelaugen • Filzstift • Knöpfe • Band

Mit einer Schleife und Knöpfen sieht es aus, als ob der Bär ein Hemd trägt.

Schneide für ein Ohr einen Kreis aus braunem Papier und einen etwas kleineren Kreis aus rosa Papier aus.

Klebe die Kreise mit Klebestift zusammen.

Schneide sie bis zur Mitte ein.

Rolle einen Kegel und klebe die Kanten fest.

Während der Kleber trocknet, kannst du das zweite Ohr basteln.

Befestige die Ohren mit Alleskleber auf dem Päckchen.

Klebe einen Knopf als Nase und eine rosa Papierzunge auf weißes Papier. Male das Maul.

Zwei Wackelaugen

Klebe die Schnauze auf.

Rentier

Du brauchst:

• Schere • Papier in Braun und Rosa • Klebestift • 2 braune Pfeifenreiniger • Klebeband

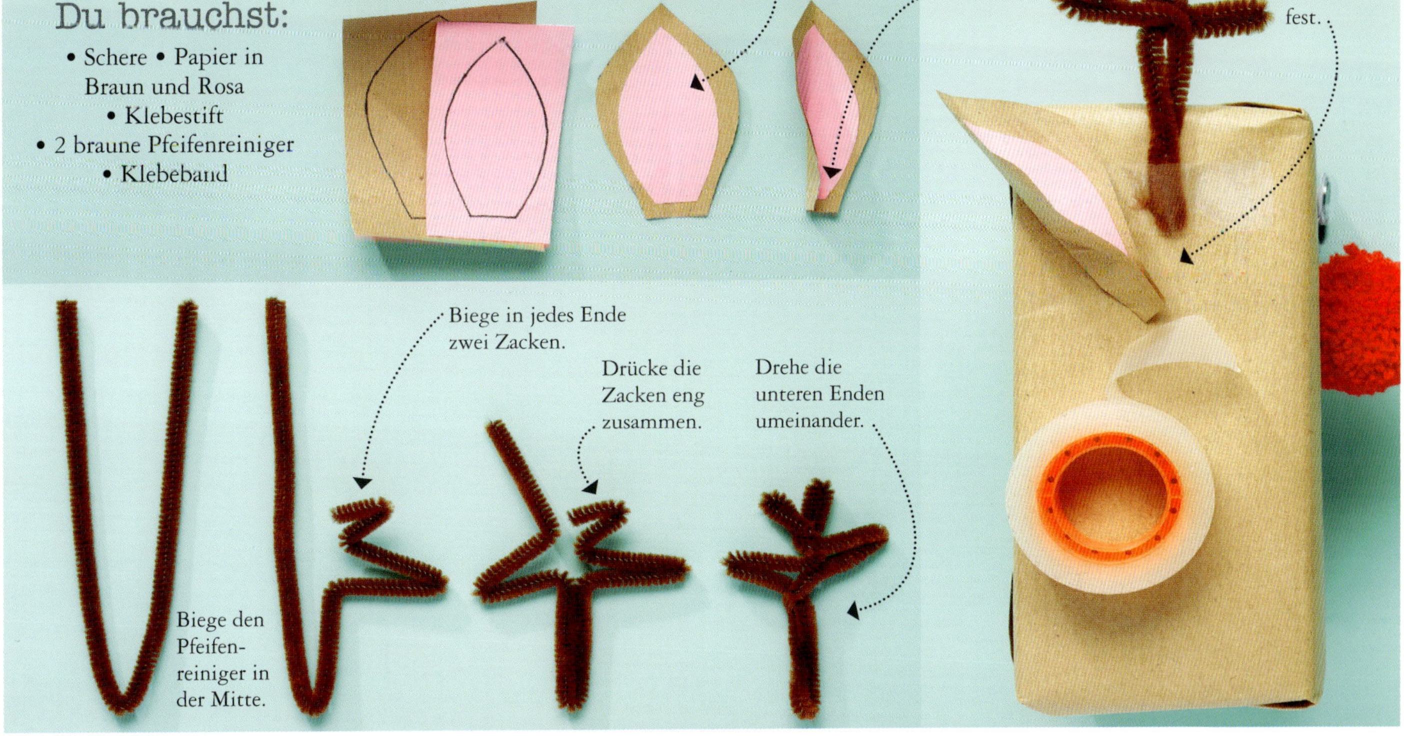

Schneide ein braunes und ein rosa Ohr aus, Klebe sie zusammen.

Falte das untere Ende des Ohrs und klebe es zusammen.

Klebe auf jede Seite ein Ohr und ein Geweih fest.

Biege den Pfeifenreiniger in der Mitte.

Biege in jedes Ende zwei Zacken.

Drücke die Zacken eng zusammen.

Drehe die unteren Enden umeinander.

Freche Typen

mit Mützen aus Handschuhen.

Du brauchst:

- Handschuh aus Wolle • Gummiband
- Nadel und Baumwollnähgarn • Pompon

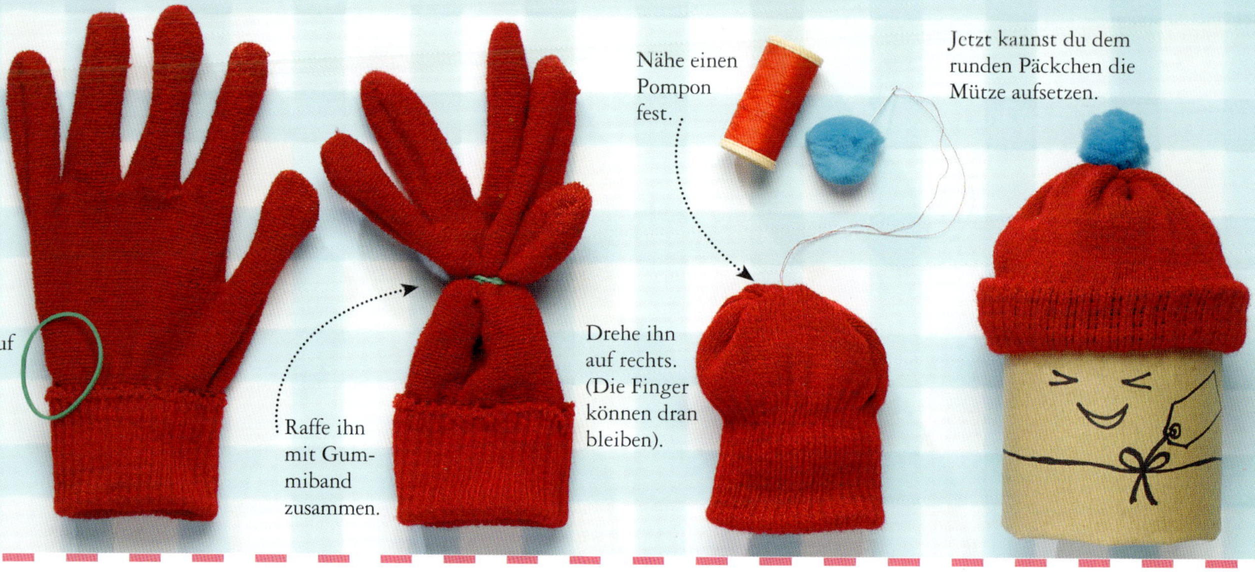

Drehe den Handschuh auf links.

Raffe ihn mit Gummiband zusammen.

Drehe ihn auf rechts. (Die Finger können dran bleiben).

Nähe einen Pompon fest.

Jetzt kannst du dem runden Päckchen die Mütze aufsetzen.

Plätzchen

So werden die leckeren Plätzchen gebacken.

Schreibe die Backanleitung auf den Anhänger.

Ergibt: 20 Plätzchen

Du brauchst außerdem:
- 150 g weiche Butter
- 1 EL Milch

Utensilien:
- Rührschüssel
- Kochlöffel • Backblech • Kuchengitter

Anleitung

1. Den Backofen auf 190 °C vorheizen.
2. Die trockenen Zutaten aus dem Glas mit Butter und Milch verrühren.
3. Die Schokolinsen zugeben und unterrühren.
4. Aus dem Teig 20 Kugeln gleicher Größe formen.
5. Auf ein Backblech setzen und etwas flachdrücken.
6. 15 Minuten backen. Aus dem Ofen nehmen und auf einem Kuchengitter abkühlen lassen.

Nadelkissen

in einem zweiteiligen Deckel

Du brauchst:

Nadel und Nähgarn

Schere

Füllwatte

Glas mit zweiteiligem Schraubdeckel

Alleskleber

Kreis aus Baumwollstoff (groß genug, um Deckel und Füllwatte zu bedecken)

Tipp: Die Füllwatte bleibt besser in Form, wenn du sie in einen Nylonstrumpf stopfst.

1

Lege die Füllwatte mitten auf den Stoffkreis.

Lege die Meta
scheibe des Deck
darauf. Ihre Unt
seite zeigt nach obe

Stifte verschenken

in einem XXL-Bleistift

Du brauchst:

- Dickes braunes Packpapier • Bleistift
- Teller • Schwarzer Stift • Schere
- Alleskleber • Büroklammer oder Aktenklammer

1

Zeichne den Umriss eines Tellers auf braunes Packpapier.

2

Schneide den Kreis aus.

Bis zur Mitte einschneiden.

Forme aus dem Papierkreis einen Kegel.

3

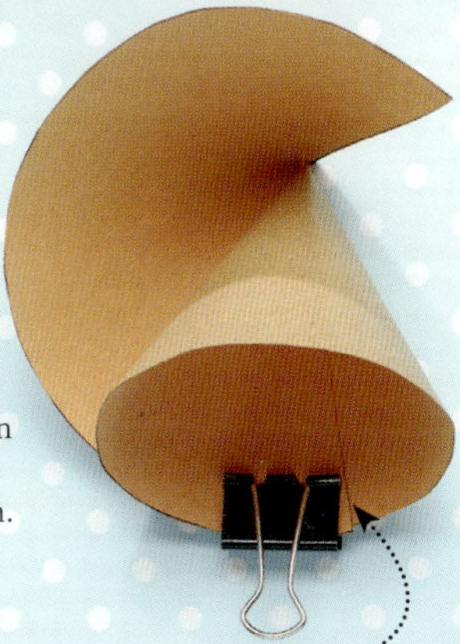

Der untere Rand des Kegels muss genau auf den Deckel des Glases passen.

Klebe den Kegel in der passenden Größe zusammen. Halte den Rand mit einer Klammer fest.

4

Bestreiche den oberen Rand des Deckels mit Alleskleber.

5

Male die Spitze mit einem schwarzen Stift an.

Halte den Kegel fest, bis der Kleber trocken ist.

Wenn der Kleber trocken ist, kannst du den Deckel abnehmen und das Glas füllen und verzieren.

2

Falte den Stoff über den Deckel. Raffe ihn und nähe ihn zusammen.

3

Streiche Alleskleber auf den inneren Rand des Rings (nicht auf das Gewinde).

Schiebe das Nadelkissen durch den Ring.

Ziehe den Stoff fest zusammen und vernähe das Ende des Fadens sorgfältig.

4

Setze den Deckel auf das Glas und schraube ihn fest zu.

Wenn der Kleber trocken ist, kannst du den Deckel abnehmen und das Glas füllen.

Noch mehr Bücher für kreative Kids:

Lieblingspuppen selbst gemacht
€ 12,95 [D]/€ 13,40 [A]
Ab 7 Jahren
978-3-8310-2807-8

Leckerschmecker Kochentdecker
€ 9,95 [D]/
€ 10,30 [A]
Ab 6 Jahren
978-3-8310-2920-4

In meinem Garten
€ 9,95 [D]/€ 10,30 [A]
Ab 6 Jahren
978-3-8310-2011-9